BEI GRIN MACHT SICH IHR
WISSEN BEZAHLT

AF145699

- Wir veröffentlichen Ihre Hausarbeit,
  Bachelor- und Masterarbeit

- Ihr eigenes eBook und Buch -
  weltweit in allen wichtigen Shops

- Verdienen Sie an jedem Verkauf

Jetzt bei www.GRIN.com hochladen
und kostenlos publizieren

Bibliografische Information der Deutschen Nationalbibliothek:

Die Deutsche Bibliothek verzeichnet diese Publikation in der Deutschen National-
bibliografie; detaillierte bibliografische Daten sind im Internet über http://dnb.d-
nb.de/ abrufbar.

Impressum:

Copyright © 2015 GRIN Verlag
Druck und Bindung: Books on Demand GmbH, Norderstedt Germany
ISBN: 9783668791213

Dieses Buch bei GRIN:

https://www.grin.com/document/439039

Hoang Long Nguyen

USA und die völkerrechtlichen Formen des modernen Imperialismus (1932/1933)

GRIN Verlag

GRIN - Your knowledge has value

Der GRIN Verlag publiziert seit 1998 wissenschaftliche Arbeiten von Studenten, Hochschullehrern und anderen Akademikern als eBook und gedrucktes Buch. Die Verlagswebsite www.grin.com ist die ideale Plattform zur Veröffentlichung von Hausarbeiten, Abschlussarbeiten, wissenschaftlichen Aufsätzen, Dissertationen und Fachbüchern.

Besuchen Sie uns im Internet:

http://www.grin.com/

http://www.facebook.com/grincom

http://www.twitter.com/grin_com

USA UND DIE VÖLKERRECHTLICHEN FORMEN DES MODERNEN IMPERIALISMUS [1932/1933]

Referatsausarbeitung zum Thema: „Carl Schmitt – Frieden oder Pazifismus? Arbeiten zum Völkerrecht und zur internationalen Politik 1924-1978"

Seminar: Die Weltordnungspolitik der USA

Wintersemester 2014/2015

Erfasst von:

Name:	Hoang Long Nguyen
Studiengang:	Geographie B.Sc.
Nebenfach:	Politikwissenschaften (36 CP)
Fachsemester:	6

Inhaltsverzeichnis

Tabellenverzeichnis

1. Einleitung

Es gibt wohl kaum einen deutschen Staats- und Völkerrechtler der so einflussreich ist und gleichzeitig zu den umstrittensten Gelehrten des 20. Jahrhundert gehört:

Die Rede ist hier von Carl Schmitt (1888 – 1985) (DEUTSCHES HISTORISCHES MUSEUM). Bis heute findet Schmitt weltweit wachsende Aufmerksamkeit und gilt bei vielen Wissenschaftlern als Klassiker des politischen Denkens.

In dieser Ausarbeitung beschäftige ich mich im Rahmen des Seminars „Die Weltordnungspolitik der USA" mit dem Vortrag Schmitts „USA und die völkerrechtlichen Formen des modernen Imperialismus [1932/33]", dessen Arbeiten wiederum von Günter Maschke im Jahre 2005 herausgegeben worden sind.

In diesem Vortrag setzt sich Schmitt kritisch mit der US-amerikanischen Außenpolitik bis 1933 auseinander. Als Staats- und Völkerrechtler hat er sich unter anderem intensiv und juristisch mit der Monroe-Doktrin. auseinandergesetzt. Diese Doktrin ist das Symbol der beginnenden Interessen- und der darauffolgenden (fragwürdigen) Interventionspolitik der USA.

Viele seiner Gedankengänge die in seinem Vortrag vorkommen, sind in seinen Werken sowohl vor als auch nach seinem Vortrag im Jahre 1932 bereits ausführlich behandelt worden. Dazu gehört Schmitts Verständnis der Raumordnung, der Begriff des Politischen und die Freund-Feind-Theorie, um nur die wichtigsten seiner Thesen hier zu erwähnen.

Um den Einstieg in die Thematik zu erleichtern und nachvollziehen zu können, beginne ich im folgenden Kapitel mit dem Leben der Person Schmitt. Neben einer knappen Vorstellung seiner Biographie wird hier deutlich unter welchen Bedingungen, sei es persönlich oder auch akademisch, der Autor seinen Aufsatz verfasst hat. Auch die zeithistorischen, politischen und sozialen Aspekte in Schmitts Leben werden hier angesprochen.

Im Hauptteil fasse ich die wichtigsten Punkte aus Schmitts Vortrag zusammen:

Welche Bedeutung hat die Monroe-Doktrin für die Außenpolitik der USA und was für Auswirkungen hat diese besonders für die Staaten in der westlichen Hemisphäre sowie Europa?

Welche „Verbindung" weist der Genfer Völkerbund und die Monroedoktrin auf?

Wann ist ein Krieg gerecht bzw. ungerecht?

Was bedeutet für Carl Schmitt „Macht"?

Zum einen geht es um den Begriff des Staates aus dem Werk „Begriff des Politischen" (SCHMITT 1963: 20).

Im darauffolgenden Teil beschäftige ich mich mit den Begriffen Freund und Feind nach Schmitts Verständnis. Die Definition des Politischen durch die Freund-Feind-Theorie ist eines der bekanntesten Stücke in Schmitts Werk. Sie spielt in nahezu alle Aspekte seines Denkens hinein.

Im dritten Teil behandle ich Schmitts Konzept der Raumordnung. Hier erkläre ich die Hegemonialpolitik am Beispiel der USA im geopolitischen Kontext.

Ziel dieser Arbeit ist es die aktuelle US-amerikanische Stellung als Weltmacht, in besonderem Hinblick auf deren Interventions- und Außenpolitik zeithistorisch zu begründen und Schmitts theoretische Modelle im Fazit kritisch zu hinterfragen.

2. Carl Schmitt

Die folgende Tabelle soll einen Überblick über Carl Schmitts bisheriges Leben bis zu seinem Vortrag „USA und die völkerrechtlichen Formen des modernen Imperialismus" im Jahre 1933 geben:

Tabelle 1: Carl Schmitt 1888-1985 (Biographie bis 1933)

1888	11. Juli: Carl Schmitt wird als Sohn eines Kaufmanns in Plettenberg (Westfalen geboren)
1915	Nach dem Studium der Staats- und Rechtswissenschaften in Berlin, München und Straßburg, Promotion und Habilitation an der Universität Straßburg.
1921	Berufung an die Universität Greifswald. Veröffentlichung der Abhandlung "Die Diktatur", in der Schmitt die staatsrechtlichen Grundlagen der Weimarer Republik untersucht und dabei die ohnehin starke Stellung des Reichspräsidenten deutlich akzentuiert.
1922	Professor an der Universität Bonn. In seiner Schrift "Politische Theologie" konkretisiert Schmitt seine autoritäre Staatstheorie, indem er, ausgehend von seiner katholischen Grundhaltung, letztlich die menschliche Willensfreiheit negiert.
1923	In der Zeitanalyse "Die geistesgeschichtliche Lage des heutigen Parlamentarismus" rechtfertigt Schmitt die Herausbildung totalitärer Herrschaftsstrukturen.
1926	Professur der Rechte an der Handelshochschule in Berlin
1932	Berufung an die Universität Köln. In der Schrift "Der Begriff des Politischen" entwickelt Schmitt seine umstrittene Staatsrechtslehre, die - von den Nationalsozialisten ideologisch ausgewertet - ihm später den Vorwurf einbringt, den "Führerstaat" vorweggenommen und rechtsphilosophisch legitimiert zu haben. Juli: Schmitt vertritt die Reichsregierung unter Franz von Papen, mit dem er freundschaftlich verbunden ist, gegen die suspendierte preußische Regierung Braun vor dem Staatsgerichtshof.
1933	1. Mai: Eintritt in die Nationalsozialistische Deutsche Arbeiterpartei (NSDAP). Ernennung zum preußischen Staatsrat durch Hermann Göring. November: Präsident der "Vereinigung nationalsozialistischer Juristen".
Quelle:	*Eigene Zusammenstellung; Daten: Deutsches Historisches Museum; Berlin; dhm.de (Abruf am 25.03.2015)*

Carl Schmitt wurde am 11. Juli 1888 als Sohn eines katholischen Kaufmanns geboren und genoss eine humanistische Bildung (WILMES 2013). Die katholische Erziehung prägt sein außerordentlich konservatives Denken und beeinflusste auch nachhaltig sein Handeln sowie seine deutliche Ablehnung gegen jedweden Parlamentarismus. Auch war er ein Feind des Pluralismus. Dies erkennt man deutlich an seinem wissenschaftlichen Werdegang ab 1921 (siehe Tab. 1).

Schon während der Weimarer Republik war er aktiv dabei die demokratische Verfassung durch seine Schriften zu untergraben und begrüßte zudem die Rechtmäßigkeit des Putsches an der preußischen Regierung unter Reichskanzler von Papen im Juli 1932 in einem Gutachten (vgl. ebd.).

Es ist bis heute unklar ob Schmitt wirklich aus nationalsozialistischer Überzeugung Hitlers Machtübernahme unterstützte oder doch eher wegen mangelnder Alternativen und seine eigene Maxime folgte: „Souveränität ist, wer über den Ausnahmezustand entscheidet" (SCHMITT 1922: 13). Was Schmitt mit diesem berühmt gewordenen Satz meint, ist die Ordnung die von einem Souverän geschafft und garantiert wird. Notfalls müsse der Souverän wie historisch bei Hitler seine Entscheidungen aus dem „Nichts" treffen. Als Souverän ist man auch in der Lage, in diesem Falle, innerstaatliche Konflikte zu vermeiden und/oder effektiv zu beenden. Es ist nach Schmitt von enormer Wichtigkeit, dass der Bestand der politischen Einheit gesichert ist. Im Kapitel „Unterscheidung zwischen Freund und Feind" gehe ich tiefer in dieses Thema ein.

Sein Eintritt in die NSDAP im Jahre 1933 muss nicht zwangsläufig heißen, dass er sämtliche ideologische und politische Gedanken der Nazis teilt: Einige Schmitt-Forscher sind der Meinung, dass er gewisse Kernelemente der Weimarer Verfassung gegen die Nazis verteidigt hatte und andere wiederum betonen seine christliche Prägung (KUBON 2013). Interessant ist auch, dass er bis zur Machtübernahme der Nationalsozialisten freundschaftliche Kontakte zu Juden gepflegt hatte (ebd.). Nach 1932 hielt man ihm dies und seine Nähe zum Christentum in der Partei vor und er verlor danach viele seiner Ämter, blieb aber bis zum Kriegsende Professor und Staatsrat (vgl. ebd.).

3. USA und die völkerrechtlichen Formen des modernen Imperialismus [1932/1933]

Der Vortrag handelt von der kritischen Betrachtungsweise Schmitts an der US-amerikanischen Außenpolitik auf deren Berufung der Monroe-Doktrin. Im Folgenden habe ich den Vortrag in verschiedene Unterpunkte nach Schmitts Kernaussagen gegliedert.

3.1 Monroe-Doktrin

Der Vortrag beginnt mit der These Schmitts, dass die Amerikaner die Begründer des modernsten Imperialismus sind (SCHMITT 2005: 349). Er stützt seine Aussage damit, dass die USA es geschafft haben, ein Imperium der besonderen Art von Souveränität erschaffen haben. Ihre defensive sowie offensive Außen- und Interessenpolitik rechtfertigen sie damit, dass ihre Vorgehensweise nicht militärisch wie beispielsweise in Preußen, sondern wirtschaftlich, friedlich und sogar unpolitisch ist (ebd.).

Die Frage wann ein Staat politisch und damit in diesem Kontext praktisch imperialistisch sowie illegitim handelt, entscheiden laut Schmitt die USA selbst, denn sie berufen sich immer wieder auf das zentrale Dokument der Monroe-Doktrin (vgl. ebd.).

Die Doktrin aus dem Jahre 1823 ist eine Botschaft an die ehemaligen europäischen Großmächte des damaligen amerikanischen Präsidenten Monroe, die ursprünglich dazu gedacht ist, den noch relativ jungen Staat USA zukünftig vor europäischen Interventionen auf dem amerikanischen Kontinent zu schützen (vgl. SCHMITT 2005: 350). Gleichzeitig verzichten die Amerikaner auf jede Einmischung in europäische Angelegenheiten, inklusive deren bestehenden Kolonien in Amerika (ebd.). Lediglich der Handel soll die Brücke zwischen den Kontinenten sein, was Washington in seiner Rede 1796 bereits betont hatte: „Möglichst viel Handel, möglichst wenig Politik" (SCHMITT 2005: 349).

Seit Ausrufung dieser Doktrin schafften es die USA, sich erfolgreich durch ihre scheinbare Isolationspolitik zu etablieren und aufzubauen. Fakt ist auch, dass diese Doktrin eben eine Botschaft ist und kein Vertrag und damit juristisch gesehen keine

Gültigkeit, vor allen Dingen auf internationaler Ebene, besitzt. Trotzdem ist es ihnen gelungen den ursprünglich rein defensiven Charakter der Monroe-Doktrin, für ihr eigentliches Vorhaben, nämlich der Machtausdehnung auf dem amerikanischen Doppelkontinent zu nutzen und zu legitimieren (SCHMITT 2005: 352 f.).

Genau genommen ist die Monroe-Doktrin schwammig in ihrer Interpretation. Europäische Interventionen wurden nicht immer direkt negativ von den USA bewertet sondern die Monroe-Doktrin sollte den USA zur Legitimation eigener Interventionen in Latein- und Südamerika rechtfertigen (vgl. SCHMITT 2005: 353).

Die europäischen Großmächte legitimierten ihrerseits den Imperialismus im 19. Jahrhundert dadurch, dass sie als fortgeschrittene, christliche Zivilisation die „heilige Aufgabe" haben, andere weniger zivilisierte, nichtchristliche Völker erziehen zu müssen (SCHMITT 2005: 350). Schmitt verweist hierbei auf das Völkerrecht der christlichen Völker (ebd.).

3.2 Interventionsverträge

Wie bereits in den Abschnitten zuvor erwähnt, liegt der scheinbare Fokus der USA auf dem Handel. Bei ihrer Außenpolitik unterscheiden sie nicht wie die Europäer zwischen zivilisierten/nichtzivilisierten oder christlichen/nichtchristlichen Völkern, sondern zwischen Gläubiger- und Schuldnerstaaten, was sie wiederum zu einem modernen, ökonomischen Imperialismus macht (SCHMITT 2005: 351). Auch der Begriff „Protektorat" wird von den USA vermieden, da dieser veraltet ist und die Staaten „hinsichtlich der Zivilisation auf der gleichen Stufe stehen" sollen (SCHMITT 2005: 358).

Die USA entwickelten sich dabei selbst von einem Schuldner- in einen Gläubigerstaat. Schmitt erwähnt in seinem Vortrag die Staaten Kuba und Panama als Beispiele (SCHMITT 2005: 356 ff.). Sie schlossen mit den lateinamerikanischen Staaten Interventionsverträge ab, womit die offiziell neuen, „souveränen" Staaten eine eigene Regierung haben, unabhängige Wahlen durchführen dürfen und sogar im Völkerbund vertreten sind, dennoch stehen sie de facto unter der Kontrolle der USA (SCHMITT 2005: 356 f.).

Die Interventionsverträge sollen verhindern, dass die europäischen Staaten sich in die neu gegründeten Staaten in Zentralamerika einmischen. Als Schutzmacht dient hier

6

die USA für die pseudo-souveränen Protektorate. Allein dieser Aspekt, macht die lateinamerikanischen Staaten zu Schuldnerstaaten.

Die USA werden dennoch zu einem besseren Licht gerückt als Europa, da sie angeblich nicht imperialistisch vorgehen, sondern sich als demokratisches Land für die Freiheit in anderen Ländern einsetzen (SCHMITT 2005: 349 & S.356). Der amerikanische Imperialismus unterscheidet sich vom europäischen darin, dass der amerikanische keinen direkten, kolonialen Charakter einer Besetzung hat. Es geht hierbei nicht um einen Imperialismus unter dem Vorwand der Missionierung und Aufklärung, sondern um eine juristische Vorgehensweise, nämlich in Form der Interventionsverträge.

Zudem sind die zwischenstaatlichen Spannungen dadurch gegeben, dass die Schuldnerstaaten unter dem Druck stehen ihrem „Beschützer" eine gewisse Treue versprechen.

Dies gilt auch für die Bildung der dortigen Regierungen. Wenn die USA ihre nationalen und geopolitischen Interessen durch die dort gewählte Regierung gefährdet sehen, entscheiden sie über deren Rechtmäßigkeit (legale/illegale Regierungen) und geben sich selbst das Recht, unter dem Vorwand, dass sie für die innerstaatliche Sicherheit sowie Ordnung sorgen, intervenieren dürfen und sogar müssen (vgl. SCHMITT 2005: 357 f.). Diese Form der Außenpolitik der USA beschränkt sich jedoch nur auf dem amerikanischen Doppelkontinent (SCHMITT 2005: 359).

Der eigentliche Punkt ist, dass die Monroe-Doktrin, je nachdem in welcher politischen Situation sich die USA gerade befindet, sehr flexibel oder wie Schmitt sagen würde „höchst wandelbar" sein kann (SCHMITT 2005: 353). Sie entscheiden als letzte Instanz oder besser gesagt als Weltpolizist darüber, wann Interventionen von anderen Ländern gerechtfertigt sind oder nicht und sie entscheiden über die Anerkennung neuer Regierungen (ebd.).

Zweifellos hat sich die USA als Hegemon auf dem amerikanischen Kontinent etabliert. Doch obwohl sie sich bisher tatsächlich aus Europa und deren dortigen Angelegenheiten rausgehalten haben, intervenierten sie in den Ersten Weltkrieg. Schmitt ist der Meinung, dass die Einmischung der USA zur Niederlage Deutschlands geführt hatte, sie sich allerdings nach dem Krieg auch wiederzurückgezogen haben ohne direkte Gebietsansprüche zu erheben (vgl. SCHMITT 2005: 360).

3.3 Monroe-Doktrin versus Genfer Völkerbund

Statt also nach Kriegsende getreu dem Imperialismus, neue Gebiete auf europäischem Boden zu beanspruchen, versuchte Woodrow Wilson, der zur Zeit des Ersten Weltkrieges Präsident der Vereinigten Staaten war, das 14-Punkte-Programm einzuführen (ASMUSS 2011). Kernelemente dieses Programms sind die Räumung der besetzten Gebiete, die generelle Neuordnung Europas und das Prinzip des Selbstbestimmungsrechtes der Völker (ebd.).

Aus den Ideen der Friedensbemühungen Wilsons entstand der Genfer Völkerbund (SCRIBA 2014). Die europäischen Staaten wurden nach Schmitt praktisch gezwungen, den Völkerbund beizutreten (SCHMITT 2005: 360). Die USA implementierten ihrerseits die Monroe-Doktrin in Artikel 21 des Völkerbundes, womit sie die juristische Bestätigung haben, dass andere Staaten sich nicht in amerikanische Angelegenheiten einmischen dürfen (vgl. ebd.).

Schmitt selbst zweifelt, ob die Monroe-Doktrin überhaupt etwas mit Völkerrecht zu tun hat (SCHMITT 2005: 354). Er zitiert dabei zum einen Olney aus dem Jahre 1895, der behauptet, dass die Doktrin auf allgemeinen Rechtsprinzipien, wie z.B. das Recht auf Selbstverteidigung, beruht und zum anderen Knox der wiederum sagt, dass sie rein politisch ist (ebd.). Schon unter den Amerikanern selbst ist man sich nicht immer einig was die Monroe-Doktrin nun konkret bedeutet.

Die Frage die sich hier nun stellt ist: Warum wurde die Doktrin trotzdem in der Genfer Völkerbundsatzung aufgenommen?

Schmitt begründet dieses Problem damit, dass die Doktrin zumindest allgemeine Prinzipien des internationalen Rechts besitzt (z.B. Recht auf Selbstverteidigung) und in allen Verträgen der USA als Vorbehalt anerkannt ist (SCHMITT 2005: 355). Außerdem profitiert das Dokument von der Inkonsistenz des Völkerrechts, wo die Abgrenzung zwischen Recht und Politik sehr unscharf ist.

Die USA selbst sind dem Völkerbund jedoch nicht beigetreten (ebd.). Um trotzdem weiterhin auf internationaler Ebene mitreden zu können, versuchen sie durch ihre Schuldnerstaaten wie Kuba oder Panama Einfluss zu gewinnen (SCHMITT 2005: 361). Wären die USA den Völkerbund beigetreten, könnte die internationale

Vereinigung mehr Einfluss auf sie ausüben. Bei Verstößen gegen den Völkerbund wäre der Druck aus den vielen Ländern so groß, dass die USA sich dem Willen des Bundes hätte beugen müssen. Somit wäre die Souveränität der Weltmacht USA nicht mehr gewährleistet.

Trotz all der Kritik an der Monroe-Doktrin muss Schmitt zugeben, dass die Amerikaner mit diesem Dokument ihre Souveränität ohne größeren Widerstand ausüben können (vgl. SCHMITT 2005: 355). Wilson hat zwar die Übernahme der Monroe-Doktrin als Bedingung für die Einbindung der USA in das internationale Bündnissystem genannt (SCHMITT 2005: 361), doch allein die Tatsache, dass sie es geschafft haben ihre Doktrin in Artikel 21 der Völkerbundsatzung zu festigen UND nicht dem Völkerbund beigetreten sind, ist eine hegemoniale Leistung die Schmitt geradezu beneidet: „Es ist ein ungeheurer Erfolg der Vereinigten Staaten, dass es ihnen gelungen ist, eine solche „Doktrin" durchzusetzen [...]" (vgl. SCHMITT 2005: 355).

3.4 Gerechte oder ungerechte Kriege?

Ein wichtiger Aspekt am Ende seines Vortrages ist die Unterscheidung zwischen gerechten und ungerechten Kriegen. Er bezieht sich in seiner Argumentation auf den Kellogg-Pakt aus dem Jahre 1928. Der völkerrechtliche Vertrag zur „Ächtung des Krieges" besagt, dass Kriege nicht aus politischen, nationalen Motiven geführt werden dürfen, der Krieg an sich ist aber laut dem Inhalt des Paktes prinzipiell nicht verboten (SCHMITT 2005: 362 f.).

Der Krieg wird im Kellogg-Pakt lediglich als nationales politisches Instrument verurteilt und der Imperialismus führt Kriege zum Zwecke der internationalen Politik (SCHMITT 2005: 363). Schmitt befürchtet, die Uneinigkeit über die korrekte Definition der Begriffe Krieg und Frieden dazu führen kann, dass Staaten dies für ihre eigenen Zwecke nutzen werden, um am Ende behaupten zu können, dass ihre Interventionen in anderen Ländern juristisch gesehen absolut legitim sind, da es sich ja z.B. um eine „friedliche Besetzung" bzw. präventive Maßnahme zur Selbstverteidigung handelt und kein Imperialismus (ebd. Und 364).

3.5 Schmitts Machtverständnis

Grundsätzlich muss man betonen, dass Schmitt die Interventionspolitik der USA nicht ablehnt. Macht drückt man laut Schmitt nicht nur durch militärischer Stärke sondern auch in anderen politischen Gebieten, wie er bereits am Anfang seines Vortrags erwähnt, in der Ökonomie aus.

Diese Form der Macht kennzeichnet sich durch ihre ökonomische Intervention und dazu zählt er als Beispiel die Dominanz des Dollars gegenüber der Reichsmark: „[...], die für uns Deutsche eine schicksalsvolle Aktualität hat, [...]" (SCHMITT 2005: 351).

Gerade diese Aspekte vermisst Schmitt in Deutschland. 1932 war Deutschland weder politisch noch wirtschaftlich in der Lage mit den USA mitzuhalten und drückt dies emotional und geradezu neidisch aus, indem er sich als Deutschen mit einem Bettler vergleicht, der über die Reichtümer anderer schwärmt (SCHMITT 2005: 365).

Matthias Weimayr analysierte Schmitts frühere Werke so, dass Schmitt sich besonders gegen den Zerfall der Sprache eingesetzt und er sich ihrer Ordnung gewidmet hat (BENEDIKT & PIRCHER 1999: 53). Begriffe wie Krieg oder Frieden sollen klare und eindeutige Definitionen haben, um Missbräuche wie diese zu vermeiden.

Bestärkt wie diese Aussage von Schmitt dadurch, dass „derjenige, der wahre Macht hat, auch von sich aus Begriffe und Worte zu bestimmen vermag." (SCHMITT 2005: 365).

Die Fähigkeit zu bestimmen, was Begriffe zu bedeuten haben und diese Definitionen juristisch auch noch zu legitimieren, ist nach Schmitts Verständnis Macht.

Schmitts Hoffnungen beruhen darauf, dass Deutschland sich diese Fähigkeit zu Eigen machen bzw. sich dadurch nicht von den USA oder einem anderen Land unterwerfen lassen sollte (ebd.).

4. Das Politische bei Carl Schmitt

In seinem Vortrag differenziert er klar, was nun Recht und politisch ist, wobei er zu der Erkenntnis gekommen ist, dass sowohl die Monroe-Doktrin als auch die Völkerbundsatzung politische Instrumente sind (SCHMITT 2005: 355).

Zur Vertiefung bin ich bei meiner Literaturrecherche auf ein Werk von Schmitt gestoßen, dessen Namen „Der Begriff des Politischen" trägt, welches 1932 verfasst wurde. In dieser Arbeit beschäftigt er sich mit der Problematik der Definition des Politischen.

Er fasst seine Kernaussage kurz aber prägnant bereits im ersten Satz zusammen: „Der Begriff des Staates setzt den Begriff des Politischen voraus, [...]" (SCHMITT 1963: 20). Nach Schmitt gilt ab dem 20. Jahrhundert nicht mehr die Gleichung „Staatlich = politisch" (SCHMITT 1963: 24). Dies bedeutet, dass das Politische nicht mehr länger abhängig vom Staatsbegriff zu verstehen ist, sondern umgekehrt.

Das Politische ist dadurch gekennzeichnet, dass es universalistisch, also in allen Gebieten des Lebens gültig ist, wie z.B. in Gesellschaft, Kultur und Religion (ebd.). In so einem „totalen Staat" wirkt das Politische in allen Lebensbereichen, allerdings hat beispielsweise die Wirtschaft das Potential zwar politisch zu sein, doch das Politische kann nicht wirtschaftlich sein (ebd.).

5. Unterscheidung zwischen Freund und Feind

Bereits zu Anfang dieser Arbeit in Kapitel 2 erkennt man, dass Schmitt den Parlamentarismus sowie Pluralismus in seinen Arbeiten scharf kritisiert hatte. Dies liegt daran, dass demokratische Entscheidungen die Souveränität eines Staates in Frage stellen und damit auch die politische Einheit gefährden (vgl. SCHMITT 1963: 39 ff.). Es ist wichtig zwischen Freund und Feind unterscheiden zu können, da der Staat selbst nicht in Konkurrenz mit den gesellschaftlichen Bereichen der eigenen Bevölkerung treten soll, was im schlimmsten Falle sogar realistisch gesehen zu einem Bürgerkrieg führen könnte (vgl. SCHMITT 1963: 29 ff.).

Damit das Politische überhaupt existieren kann, benötigt es einen „Feind" und dieser ist gleichzeitig auch der „öffentliche Feind", also eine Gesamtheit von Menschen einer anderen, fremden Gruppe (SCHMITT 1963: 27). Wir wissen bereits aus Kapitel 2

(„Souveränität ist, wer über den Ausnahmezustand entscheidet" (SCHMITT 1922: 13)), dass die politische Einheit nach Schmitt stark von der Souveränität eines Staates abhängig ist, der zu gegebener Zeit als staatliche Gewalt dort eingreift, wo das Recht nicht mehr ausreicht (BENEDIKT & PIRCHER 1999: 240 f.).

Für die politische Einheit gilt wie zuvor erläutert auch die Freund-Feind-Unterscheidung nach Schmitt. So können, im Folgenden vereinfacht dargestellt, zwei benachbarte Staaten eine friedliche Koexistenz miteinander haben, doch die Konkurrenz oder Feindschaft ist dadurch gegeben, dass der jeweils andere „anders" ist. Dies bedeutet z.B. in der Moral eine einfache Unterscheidung zwischen „gut" und „böse". Im politischen Bereich gilt das Freund-Feind-Kriterium.

Der Feind muss aber nicht zwingend kategorial abgewertet werden (hässlich/schön, ökonomisch/schädlich, gut/böse etc.) oder in irgendeiner Verbindung zu dieser Unterscheidung stehen, sondern es ist ein vollständig selbstständiger Begriff, der sich darauf berufen kann (SCHMITT 1963: 61 f.).

Carl Schmitt betont zudem in „Der Begriff des Politischen" die Notwendigkeit einer solchen Unterscheidung, da sonst das politische Leben entfällt und dem Feind sogar geholfen wird (SCHMITT 1963: 52). Selbst offizielle Verlautbarungen wie „die Ächtung des Krieges" im Kellogg-Pakt verdrängen nicht die Freund-Feind-Unterscheidung (ebd.).

Schmitt meint, dass Personen („Privatmann") die behaupten, dass sie keine Feinde haben, durch ihre politische Enthaltsamkeit die politische Existenz und das Allgemeinwohl ihres Landes gefährden (vgl. ebd.). Fehlt einem Volk den politischen Willen zwischen Freund und Feind zu unterscheiden, ist es gleichzeitig auch ein „schwaches Volk" (SCHMITT 1963: 54).

Um dieser Gefahr also entgegentreten zu können, bedarf es außer diesem Kriterium auch einen „Schutzherrn" also einen Souverän der für die innere Sicherheit sorgt, indem er sie zu „Gehorsam" aufruft, um Bedrohungen von außerhalb durch die politische Einheit abwenden zu können (SCHMITT 1963: 53). Mit dieser Aussage, lässt sich auch Schmitts Nähe zu Hitler und seine Befürwortung der Diktatur erklären.

Die Freund-Feind-Differenzierung bildet sich über den ganzen Vortrag Schmitts in „USA und die völkerrechtlichen Formen des modernen Imperialismus". Am Schluss betont er, dass die Deutschen sich keinem Imperialismus unterwerfen lassen werden

(SCHMITT 2005: 365). Dieser Teil passt meiner Meinung nach wiederum zu folgendem Zitat: „Lässt es sich von einem Fremden vorschreiben, wer sein Feind ist und gegen wen es kämpfen darf oder nicht, so ist es kein politisch freies Volk mehr und einem andern politischen System ein- oder untergeordnet." (SCHMITT 1963: 50).

Diese Art der Politik trifft im Vortrag Schmitts exakt auf die US-amerikanische Außenpolitik zu. Schmitt erklärt am Beispiel Panamas, dass unabhängig davon ob das Land Panama und/oder sein Kanal selbst angegriffen wird, es sich als kriegführende Partei auf Seiten der USA stellt (SCHMITT 2005: 358 f.). Das Ergebnis dieser Interventionsverträge geht sogar so weit, dass die lateinamerikanischen Staaten an sämtlichen anderen Konflikten auf der Welt der USA beteiligt sind, selbst wenn sie mit den Konflikten an sich überhaupt nichts zu tun haben (vgl. ebd.). So bestimmen die Amerikaner nach diesem Schema den Feind wonach sich deren Protektorate zu richten haben.

Schmitt ist jedoch kein Kriegstreiber, wie er in seinem theoretischen Modell den Anschein macht. Dies stellt er im folgenden Satz klar: „Krieg ist nur die äußerste Realisierung der Feindschaft." (SCHMITT 1963: 33). Krieg ist nach Schmitt nicht das Ziel der Politik, doch es sollte zumindest als Option offen bleiben, damit man überhaupt von Politik sprechen kann (ebd.).

Nachdem ausführlich über die äußere Ordnung erklärt wurde, gehe ich in diesem Abschnitt mehr auf die innere Ordnung ein. Aufgabe eines Staates ist es unter anderem für Sicherheit und Ordnung im eigenen Raum für seine Bevölkerung zu sorgen. Die Freund-Feind-Unterscheidung hat die Funktion, dass Staat und Volk auf selber Ebene gleichgesetzt werden. Nach Schmitt ist dies ein Kriterium dafür, dass durch die Existenz eines Feindes bzw. einer fremden Gruppe und ihre Andersartigkeit, sich die gemeinsame Identität in Form einer politischen Einheit entwickelt. Von daher sollte man Schmitts Feindbegriff nicht rein außenpolitisch interpretieren.

6. Völkerrechtliche Großraumordnung

Das Wort „Großraum" erhielt seine erste konkrete Begriffsbildung erst nach dem Ersten Weltkrieg und zwar in der Zusammensetzung „Großraumwirtschaft" (BENEDIKT & PIRCHER 1999: 202). Laut Bruckschwaiger tauchte der Begriff erst nach 1929 verstärkt auf und bezog sich auf Ost- und Südosteuropa (ebd.). Ziel ist es hier einen geeigneten Wirtschaftsraum zu finden um der Weltwirtschaftskrise entfliehen zu können (ebd.).

Diese Art der Großraumordnung findet sich auch bei den USA wieder, wobei ihre „Grand Area" den gesamten amerikanischen Kontinent umfasste (ebd.).

Schmitt will in seinem Vortrag indirekt die künftige Großraumpolitik Deutschlands legitimieren. Die Vorgehensweise soll wenn nötig auch durch Gewalt geschehen, um die wirtschaftliche und politische Unabhängigkeit zu gewährleisten. Natürlich wird diese Großraumpolitik in der internationalen Gemeinschaft nicht gutgeheißen wegen ihrer gewalttätigen sowie illegitimen Entstehung, weshalb Schmitt versucht aus diesem Grunde eine „eigene" Monroe-Doktrin mit einem „Interventionsverbot für raumfremde Mächte" zu konzipieren (ebd.).

Nach Schmitts Verständnis soll es für jeden Raum, also in diesem Falle geographisch gesehen die Kontinente Amerika, Europa, Asien etc., eine Führungsmacht geben (siehe Kapitel 4 & 5 wo ich den Souveränitätsbegriff näher erläutere). So wie es für den amerikanischen Kontinent die USA sind, so soll es für den Großraum Europa nach Schmitt Deutschland sein.

Es gibt jedoch große Unterschiede zwischen der Monroe-Doktrin und dem deutschen Großraumverständnis. Die Monroe-Doktrin entstand zwar zunächst defensiv, wo eine Bedrohung der Staaten des amerikanischen Kontinents vorlag, doch diese berücksichtigen wirtschaftliche und politische Beziehungen zwischen den „raumfremden" Mächten (BENEDIKT & PIRCHER 1999: 202). Die deutsche Doktrin dagegen sollte nach Bruckschwaiger den Großraum Europa abschirmen und isolieren (ebd.). Zudem hat die deutsche Doktrin einen wesentlich offensiveren Charakter, womit Deutschland eine europäische Einheit notfalls mit Gewalt schaffen wollte (vgl. ebd.).

7. Fazit

Der Vortrag Schmitts aus dem Jahre 1932 der in dieser Arbeit analysiert wurde, hat von seinen Kernaussagen her viele Schnittstellen mit seiner Theorie der Freund-Feind-Unterscheidung und seiner Großraumordnung.

Schmitts Intention ist es mit seinen genannten Argumenten zum einen, dass Deutschland aus dem Völkerbund austritt und zum anderen deren Großraumpolitik in Europa unter Einberufung des Interventionsverbotes zu rechtfertigen.

Die Freund-Feind-Unterscheidung Schmitts ist dadurch gekennzeichnet, dass jede politische Einheit einen Feind haben muss, damit sie existieren kann. Unterscheidet man nicht zwischen Freund und Feind, dann kann es auch keine politische Einheit geben. Durch das Fehlen dieser Einheit besteht die Gefahr, dass andere „Feinde" sich diese zu nutzen machen und praktisch die Politik im eigenen Land bestimmen.

Aus der Vortragsanalyse ist dies am Beispiel Panama ersichtlich das ich in meiner Arbeit auch kenntlich gemacht habe. Auch die US-amerikanische Politik ist bis heute immer noch zweifelhaft und lässt auf die Praxis der Interventionsverträge auf Grundlage der Monroe-Doktrin zurückführen.

Dennoch finde ich seine Ansichten, auch wenn er behauptet, dass Krieg die letzte Lösung sein sollte um die Einheit zu wahren, zu extrem. Schmitt deutet seine Feindidentifizierung anhand von Kriegsszenarien. Zudem behauptet er, dass der Souverän notfalls seine Entscheidungen auch im Ausnahmezustand aus dem Nichts treffen müsse, was historisch gesehen ein fataler Fehler sein kann.

Die Freund-Feind-Differenzierung sowie die Großraumordnung unter einem Souveränen wie Deutschland, sehe ich hier als das größte Problem, denn sein Erklärungsversuch bringt mehr Fragen hervor als es beantwortet.

Es kommt nach Schmitt nicht auf die Unterscheidung zwischen Freund und Feind an, sondern viel mehr um die Entscheidung wer Freund oder Feind ist. Was passiert aber, wenn man nicht weiß wer der Feind ist? Dann ist die politische Einheit gefährdet. Und wie bestimmt man überhaupt den Feind? Letztendlich muss der Souverän nach Schmitt sowohl für innere als auch äußere Sicherheit sorgen und dieser entscheidet auch wer Feind ist und wann Kriege gerechtfertigt sind. Diese Verantwortung auf eine einzige Person zu setzen ist gefährlich.

Dies erklärt auch seine Demokratiekritik. Demokratie basiert nach Schmitt auf einem homogenen Volk mit homogenen Willen (SIMON 2008: 202). Geht man von seiner These aus, dann ist Diktatur tatsächlich so gut wie die Demokratie, aber Demokratie hat einen normativen Ursprung und der liegt im Individuum und dessen Individualität (vgl. ebd.). Von daher sind Diktatur und Demokratie vollständig gegensätzlich.

Die Großraumtheorie Schmitts führt meiner Meinung nach auch zu einer Distanzierung von interkultureller Zusammenarbeit und Kommunikation, welches letztendlich auch die NS-Ideologie unterstützt.

Man kann nicht bestreiten, dass die USA teilweise eine zweifelhafte Außenpolitik führt und in anderen Ländern ihren Willen notfalls mit Gewalt durchsetzen. Es gibt allerdings auch keine Alternative für die Weltmacht USA. Obwohl die USA ihre eigenen Ideale nicht immer gerecht werden, bleibt ihre Idee der Demokratie und der Freiheit.

Literaturverzeichnis

Annette Wilmes (2013): *Großer Geist oder Vordenker der Nazis. Vor 125 Jahren wurde der Staatsrechtler Carl Schmitt geboren.* von Annette Wilmes. Hg. v. Deutschlandfunk. Deutschlandfunk. Online verfügbar unter http://www.deutschlandfunk.de/grosser-geist-oder-vordenker-der-nazis.871.de.html?dram:article_id=252550, zuletzt geprüft am 25.03.2015.

Arnulf Scriba (2014): *Der Völkerbund.* Deutsches Historisches Museum. Berlin, zuletzt aktualisiert am 02.09.2014, zuletzt geprüft am 26.03.2015.

Benedikt, Michael; Pircher, Wolfgang (1999): *Gegen den Ausnahmezustand. Zur Kritik an Carl Schmitt.* Wien: Springer (Politische Philosophie und Ökonomie).

Burkhard Asmuss (2011): *Das 14-Punkte-Programm.* Deutsches Historisches Museum. Online verfügbar unter https://www.dhm.de/lemo/kapitel/erster-weltkrieg/kriegsverlauf/14-punkte-programm.html, zuletzt aktualisiert am 08.06.2011, zuletzt geprüft am 26.03.2015.

Deutsches Historisches Museum: *Carl Schmitt.* Hg. v. Deutsches Historisches Museum. Deutsches Historisches Museum; Berlin. Online verfügbar unter https://www.dhm.de/lemo/biografie/carl-schmitt, zuletzt geprüft am 25.03.2015.

Schmitt, Carl (1922): *Politische Theologie. Vier Kapitel zur Lehre von der Souveraenitaet.* Muenchen: Duncker & Humblot.

Schmitt, Carl (1963): *Der Begriff des Politischen. Text von 1932 mit einem Vorwort und drei Corollarien.* Berlin: Duncker & Humblot.

Schmitt, Carl; Maschke, Günter (2005): *Frieden oder Pazifismus? Aufsätze zum Völkerrecht und zur internationalen Politik 1924-1978.* Berlin: Duncker & Humblot.

Simon, Rupert (2008): *Die Begriffe des Politischen bei Carl Schmitt und Jacques Derrida.* Frankfurt am Main: Lang (Europäische Hochschulschriften. Reihe XXXI, Politikwissenschaft European university studies. Series 31, Political science Publications universitaires europeennes. Serie 31, Sciences politiques, Bd. 552).

Stefan Kubon (2013): *Carl Schmitt und die Machtübernahme der Nazis.* Posted by Publikative.org seit dem 14. April 2013. Hg. v. Publikative.org. Online verfügbar unter http://www.publikative.org/2013/04/14/carl-schmitt-und-die-machtubernahme-der-nazis/, zuletzt geprüft am 25.03.2015.